Dieses Max-Buch gehört:

2 SERINA

Max

Max ist in seiner Familie der Kleinste,
hat aber oft die größten Ideen.
Und für alle Fälle hat er seine
kleine Taschenlampe immer dabei.

Pauline

ist die beste
Freundin von Max.
Gemeinsam denken sie sich
die tollsten Spiele aus.

Zorro

ist ein schwarzes Kaninchen
und das schnuckeligste Haustier
der Welt, findet Max.

Kuschel

heißt das Lieblings-
kuscheltier von Max.

Mama und Papa

sind die Eltern von
Max und Felix.

Felix

ist der große Bruder von Max.
Manchmal ärgert er Max.
Aber wenn's drauf ankommt,
halten die Jungs zusammen.

Max freut sich auf Weihnachten

Eine Geschichte von Christian Tielmann
mit Bildern von Sabine Kraushaar

Max und seine Mama müssen etwas im Kaufhaus besorgen.
„Bekomme ich den kleinen Gärtner?", fragt Max. „Es ist doch
bald Weihnachten!" Mama schüttelt den Kopf.
„Bis Weihnachten dauert es noch verflixt lange, Max.
Es ist noch nicht mal Dezember. Aber du kannst dir
den kleinen Gärtner ja wünschen."
Mama kauft 48 Säckchen und eine Wäscheleine.
„Wofür brauchen wir die denn?", fragt Max.
Die alte Wäscheleine ist doch
noch tipptopp.
„Überraschung!",
antwortet Mama.
Aha, denkt Max.
Also ist doch bald
Weihnachten.

Eine Woche später finden Max und sein großer Bruder Felix endlich heraus, was aus den Filzsäckchen und der Wäscheleine geworden ist: ein Adventskalender. An jedem Tag bis Weihnachten dürfen Max und Felix eine Kleinigkeit für sich aus den Säckchen holen.

„Jippiiii! Der Gärtner!", jubelt Max am ersten Dezember. „Danke!"

„Zorro braucht auch einen Adventskalender", sagt Max. Er bekommt von Mama dafür vierundzwanzig leere Streichholzschachteln.

„Und was kriegt Zorro?", fragt Felix. „Etwa Süßigkeiten?"

Max schüttelt den Kopf. Süßigkeiten darf sein Kaninchen nicht fressen. Er füllt in jedes Schächtelchen ein bisschen Trockenfutter.

Am zweiten Advent backen Max, Felix und ihre Eltern Plätzchen. „Ich mach ganz viele Tannenbäume", sagt Max. „Die kann mein Gärtner gießen, bis sie sieben Meter hoch sind!"

Felix sticht lieber Raketen aus. „Wir könnten doch in diesem Jahr eine Rakete statt eines Tannenbaums im Wohnzimmer aufstellen. Dann schmücken wir sie mit Kerzen und Kugeln. Und zu Silvester schießen wir die Rakete – sssst – direkt aus dem Wohnzimmer ins Weltall!" Papa lacht. „Und wer repariert dann das Loch im Dach?"

Am Nachmittag kommt Max' Freundin Pauline zum
Geschenkebasteln. Für ihre Eltern und Großeltern
schneiden sie Sterne aus. Für Felix bastelt Max
eine Rakete aus alten Pappröhren und Buntpapier.
„Ich brauche auch ein Geschenk für Zorro", sagt Max.
Denn an Weihnachten schenkt man allen etwas,
die man gernhat. Und sein Kaninchen hat Max
ganz besonders gern.
„Aber was?", überlegt Max. Schließlich sagt er:
„Ich mache ihm einfach auch einen schönen
Stern. Den hängen wir dann über seinen Stall."

Zwei Tage vor Weihnachten rennt Max in Felix' Zimmer.
„Pauline hat schon einen Tannenbaum! Nico auch. Meinst du,
Papa und Mama haben vergessen, einen für uns zu kaufen?"

Felix hat sofort eine Idee. „Ich weiß, wo wir einen
Tannenbaum herkriegen! Sogar ohne Geld.
Wir sägen einfach Mamas Tanne um!"
Max guckt die sieben Meter hohe Tanne an
und schüttelt den Kopf. „Ich mag Mamas
Tannenbaum. Den will ich nicht fällen."
„Na gut", sagt Felix. „Dann buddeln wir
ihn eben mit den Wurzeln aus und nach
Weihnachten setzen wir ihn wieder in
den Garten."
Das findet Max eine ziemlich
gute Idee.

Mama und Papa finden die Idee allerdings nicht so gut. Die Tanne ist viel zu groß. Aber bei Oma im Garten gibt es eine kleine Tanne, die sie ausgraben können. Deswegen fahren Max und Felix am nächsten Tag mit Papa zu ihren Großeltern. Felix steckt direkt den Spaten in die Erde. „Ich will auch mal!", sagt Max. Aber sie haben nur einen Spaten. Und nur eine Hacke. Da müssen sie sich abwechseln.

„Ich wünsch mir einen eigenen Spaten zu Weihnachten", sagt Max.

„Und ich wünsch mir eine Schubkarre", stöhnt Papa, als sie den Baum endlich ausgegraben haben.

„Ein Erwachsener und zwei Kinder", sagt Papa, als der Bus
kommt. „Und ein Tannenbaum", sagt Max.
Der Busfahrer staunt. „Habt ihr den selbst ausgegraben?"
Die drei nicken. „Schöner Baum!", sagt der Busfahrer.
„Ein Ticket braucht der aber nicht. Schließlich ist morgen
Weihnachten."

Zu Hause im Wohnzimmer sieht
der Tannenbaum gar nicht mehr
so klein aus. Papa hat einen großen
Blumentopf aus der Garage geholt.
Sie stellen den Wurzelballen in den
Topf und füllen ihn mit Erde auf.
„Können wir jetzt den Baum
schmücken?", fragt Max.
Aber Mama und Papa schütteln
die Köpfe.
„Das Wohnzimmer ist jetzt das
Weihnachtszimmer. Und das ist
ab sofort für Kinder gesperrt.
Erst wenn morgen Abend das
Glöckchen klingelt, dürft ihr
wieder rein", sagt Mama.

Ganz früh am Weihnachtsmorgen wachen Max und Felix auf.
Sie schleichen sich zum Wohnzimmer. Aber das ist abgeschlossen.
„Leuchte mal durchs Schlüsselloch!", flüstert Felix. Aber selbst
mit Max' Taschenlampe können sie nichts erkennen. Jetzt ist Max
so aufgeregt, dass er platzen könnte.

Als es am Nachmittag klingelt, glaubt Max
schon, dass das der Weihnachtsmann ist.
Oder ein Rentier. Oder ein Wichtel.
Aber es sind Oma und Opa.
Auch nicht schlecht, denkt Max.

„Jetzt ist Abend!" Max zeigt nach draußen. Alles ist dunkel.
„Können wir jetzt endlich ins Weihnachtszimmer?"
„Und was ist mit dem Nachtisch?", fragt Opa.
Mama grinst. „Den können wir auch später noch essen.
Als Nacht-Tisch."

Plötzlich wird es ganz still in der Küche. Alle hören es:
das Glöckchen! Max und Felix rennen zum Wohnzimmer.
Da geht die Tür auf – und dann sagen Max und Felix
gar nichts mehr vor Freude, während die Erwachsenen
„O Tannenbaum" singen.

Endlich ist Bescherung! Max packt ein großes Geschenk aus.
„Ein Klappspaten!" Er freut sich riesig. „Kann ich schon mal ein
Loch im Garten buddeln? Dann können wir den Tannenbaum
morgen früh einpflanzen."
„Nein, den Tannenbaum brauchen wir noch ein paar Tage
hier im Weihnachtszimmer", sagt Mama.
Weihnachten ist einfach das allerschönste
Fest im Jahr, findet Max. Alle freuen sich
über ihre Geschenke.

Und es ist schon verflixt spät, als Opa sagt: „Jetzt wäre die
richtige Zeit für einen kleinen Nacht-Tisch, oder, Jungs?"
Aber Max und Felix …

... sind schon eingeschlafen.

 ist eine eingetragene Marke des Carlsen Verlags.

© Carlsen Verlag GmbH, Völckersstraße 14-20, 22765 Hamburg 2015
ISBN: 978-3-551-51970-2 | Lektorat: Anja Kunle | Lithografie: Zieneke PrePrint, Hamburg

Max-Bücher gibt es überall im Buchhandel und auf www.carlsen.de.
CARLSEN-Newsletter: Tolle Lesetipps kostenlos per E-Mail!